そだててみよう！
はじめての栽培
アサガオ

監修 ★ 松井 孝

しょくぶつは生きている

花だんや道ばたの草花、公園や校庭の木、はたけのやさいなど、みぢかにたくさん見られるしょくぶつ。みなさんは、しょくぶつをかんさつしたことがありますか？

しょくぶつを大事にそだてながら、じっくりかんさつすることで、成長していくすがたや、へんかするようす、そして、しょくぶつも生きていることに気づいていくでしょう。

しょくぶつは同じばしょでうごかずに、ことばを話すこともできませんが、わたしたちと同じように、よう分を体にとり入れ、こきゅうをして、成長する生きものなのです。いのちあるしょくぶつを、大切にそだてましょう。

さいばいのじゅんび

アサガオをそだてるために、さいしょにじゅんびするものをしょうかいします。

うえ木ばち

うえ木ばちは、そこがあみ目のようになっているものや、はちのそこにしく「すのこ」がついているものをよういしましょう。プラスチックのものが、あつかいやすいです。

土

土は、花用の「ばいよう土」を買いましょう。すぐにうえられるように、ひりょうが入っているものがよいです。

そこがあみの目になっているはち。

すのこがついているはち。

ちゅうい

- スコップやシャベルなどを人にむけたり、ふりまわしたりしてはいけません。人に当たると、きけんです。
- さぎょうはなるべく、日中のあついときでなく、午前や夕方などの気温がひくいときにしましょう。
- さぎょうをした後は手に土がつくので、かならず手をよくあらいましょう。
- ふくそうは、長そで、長ズボンにし、できるだけぼうしをかぶりましょう。

たね

アサガオのたねは、春になるとホームセンターやえんげい店で売られます。花の色や形、つるがどのくらいのびるか、かくにんして買いましょう。

もくじ

- アサガオって、どんな草花？ …… 4
- どのアサガオをそだてる？ …… 6
- さあ、そだてよう …………… 8
- たねをまこう ………………… 10
- 早くめが出ないかな ………… 12
- 2しゅるいの葉 ……………… 14
- 水やり、ひりょうやり ……… 16
- しちゅうを立てよう ………… 18
- どんどんのびるつる ………… 20
- つぼみがついたよ …………… 22
- 花がさいたよ ………………… 24
- 1日でしぼむ花 ……………… 26
- 秋のアサガオ ………………… 28
- もっと知りたい！ アサガオ …… 30

※ページ下のらん外には、さいばいについてくわしいせつめいが しるされています。おとなの人といっしょに読んでください。

アサガオって、どんな草花？

アサガオは、春にたねをまいて、夏に花がさく、つる性の草花です。

アサガオのふるさとがどこなのかははっきりしていませんが、日本には中国からつたわってきたといわれています。そのころは、たねをくすりとしてつかっていましたが、花がきれいだったので、かんしょう用にいろいろな色や形のものがつくられました。

また、中国からつたわったものいがいに、花が夏から秋までさく、ねったいアメリカがふるさとの、アサガオもあります。

つぼみ
つぼみは葉のつけ根につきます。がくにかこまれていて、先がねじれています。

花
ラッパのような形で、中には1本のめしべと、5本のおしべがあります。

花を半分に切ったところ。

どのアサガオをそだてる？

　アサガオの花は、もともと青っぽい色をしていました。ところが、よりきれいな色や形の花をもとめて、いろいろなアサガオがつくられました。とくに江戸時代には、さまざまな色や形の花がつくられました。
　自分のすきな色や形、もようのアサガオをえらんで、そだてましょう。

アサガオ（キキョウざき）
花びらの先がつんととがっていて、キキョウの花ににているので、キキョウざきといいます。

アサガオ（大輪ざき）
大きな花がさくアサガオで、いろいろな色やもようのものがあります。しゃしんは、花びらに、色水をふきかけたような細かな点がたくさんある「吹掛絞り」というもようの花です。

アサガオ（ボタンざき）
花びらが何まいもかさなってさき、ボタンの花ににているので、ボタンざきといいます。たねができません。

品種によっては、ツルがほとんどのびないアサガオもあります。ツルの成長を観察する場合は、品種をよく確認してから種子を買いましょう。

マルバアサガオ

葉が丸いアサガオで、つるがよくのびます。ふつうのアサガオと近いなかまです。秋のおそいじきまで、花をつけます。つるがよくのびるので、みどりのカーテン作り（→19ページ）にむいています。

アサガオ（曜白）

5、6本の白いすじもようと白いふちどりがとくちょうです。ふつうのアサガオと、マルバアサガオをかけ合わせてつくられました。夕方まで花をさかせます。

ソライロアサガオ

セイヨウアサガオともいい、水色の花をさかせます。マルバアサガオと同じように、みどりのカーテン作りにむいています。

花びらが2色のアサガオがある！

花の大きさや形もいろいろあるね。

マルバアサガオとソライロアサガオは熱帯アメリカ原産です。日本に昔からあるアサガオとは近い仲間ですが、別種のものです。

さあ、そだてよう

アサガオはさむさに弱いため、あたたかくなる5月の中ごろからが、たねのまきどきです。

右の「さいばいカレンダー」で、さぎょうをかくにんし、ひつようなものがそろっているか、たしかめましょう。

うえ木ばちをおくための日当たりのよいばしょも、さがしておきましょう。ベランダにおく場合は、下からのねつをさけるため、30センチほどの高さの台の上におくとよいでしょう。

1月	2月	3月	4月

そだてやすいばしょ

日当たりがよく、エアコンのしつがい機から出る風が当たらないところ。夜、家やがいとうの光が当たらないところ。

じゅんびするもの

ホームセンターや、えんげい店でそろえられます。
たね、はち、土については2ページも見ましょう。

アサガオのたね

そこがあみ目になっている、プラスチックのはち（直けい25センチ、ふかさ20センチくらいのもの）

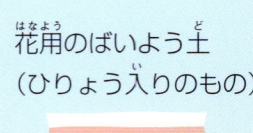
花用のばいよう土（ひりょう入りのもの）

えきたいひりょう

培養土は、肥料入りのものを選びましょう。「じゅんびするもの」にある液体肥料は、追肥用の即効性肥料です。培養土の肥料は、植物が吸収したり、鉢から流れ出たりして、いずれなくなります。肥料が足りなくなるとうまく育たないことがあるので、追肥して補いましょう。

さいばいカレンダー

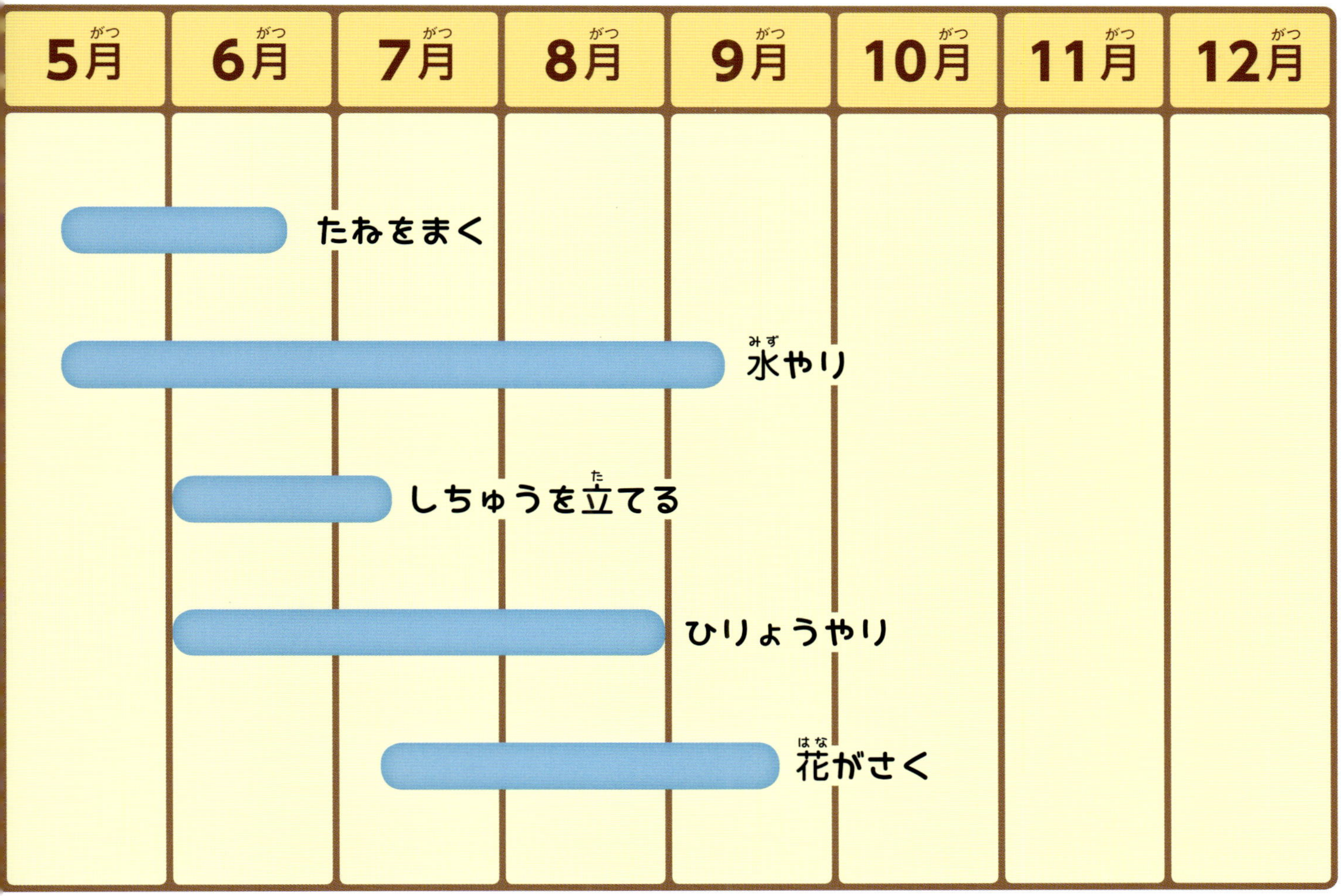

5月	6月	7月	8月	9月	10月	11月	12月
━━━たねをまく━━━							
	━━━━━━━水やり━━━━━━━						
	━━しちゅうを立てる━━						
	━━━━━ひりょうやり━━━━━						
			━━━花がさく━━━				

さぎょうをするじきや、花のさくじきを、1年間のカレンダーにしています。水色のおびが、それぞれのじきです。

しちゅうのとめ具（あるとべんり）

しちゅう（1.5メートルくらいのぼう）または あんどんじたて用のしちゅう

じょうろ

スコップ

手ぶくろ、長ぐつ、エプロンなどがあると、手やふくがよごれにくい。ぼうしがあると、日よけになる。

この本で紹介している栽培の方法や時期などは、関東地方を基準にしたものです。育てる地域や環境、その年の気候などによっては当てはまらないことがあるかもしれません。

たねをまこう

たねの中には、すでに根やめになるぶぶんができています。アサガオのたねは、気温が高くなってから、めを出すじゅんびをはじめます。

たねは、黒っぽい色です。「へそ」とよばれる、へこみがあります。

（じっさいの大きさ）

たねを水につけよう

アサガオのたねは、かわがかたくて水がすぐにしみこみません。たねをまく前に、ひとばん水につけると、中に水がしみこんでふくらみ、めが出やすくなります。水にういたものは、めが出ないので、とりのぞきましょう。

※水につけなくても、めが出るようにしょりされているたねも売られています。

まくじゅんび

ひりょう入りの花用のばいよう土を、うえ木ばちのふちから1〜2センチ下まで入れて、ひょうめんをたいらにします。つぎに、人さしゆびで、土にあなを3か所あけましょう。

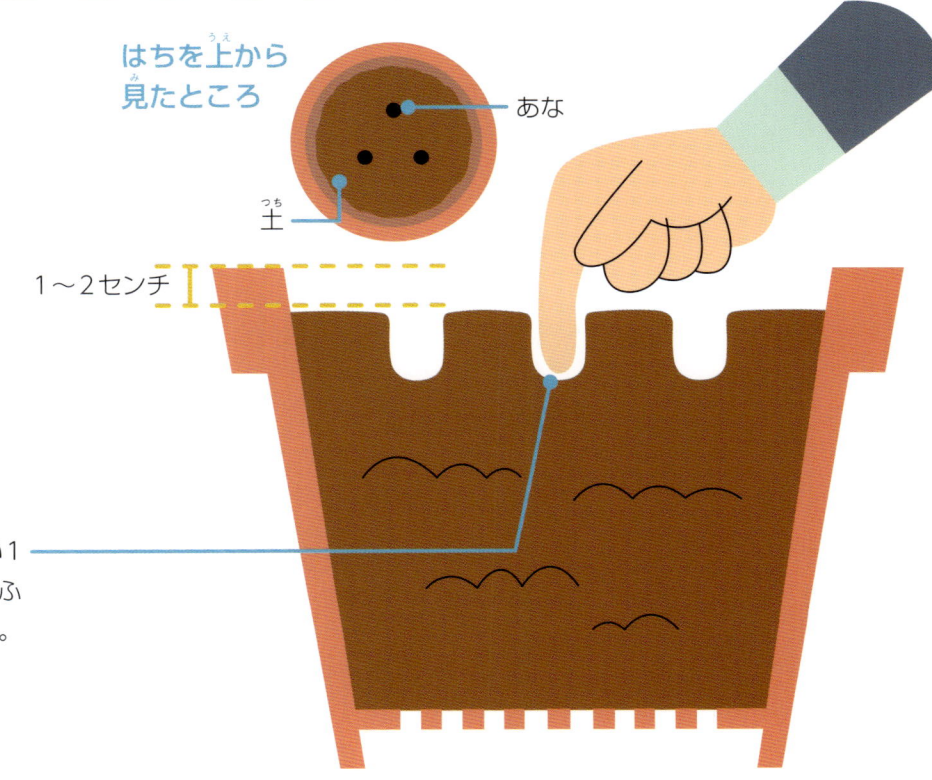

はちを上から見たところ
あな
土
1〜2センチ

人さしゆびの、だい1かんせつまでうまるふかさのあなをあける。

まき方

あけたあなにたねを1つずつ、へそを下むきにして入れます。

土をかけて、その上から手のひらでかるくおさえ、たいらにします。

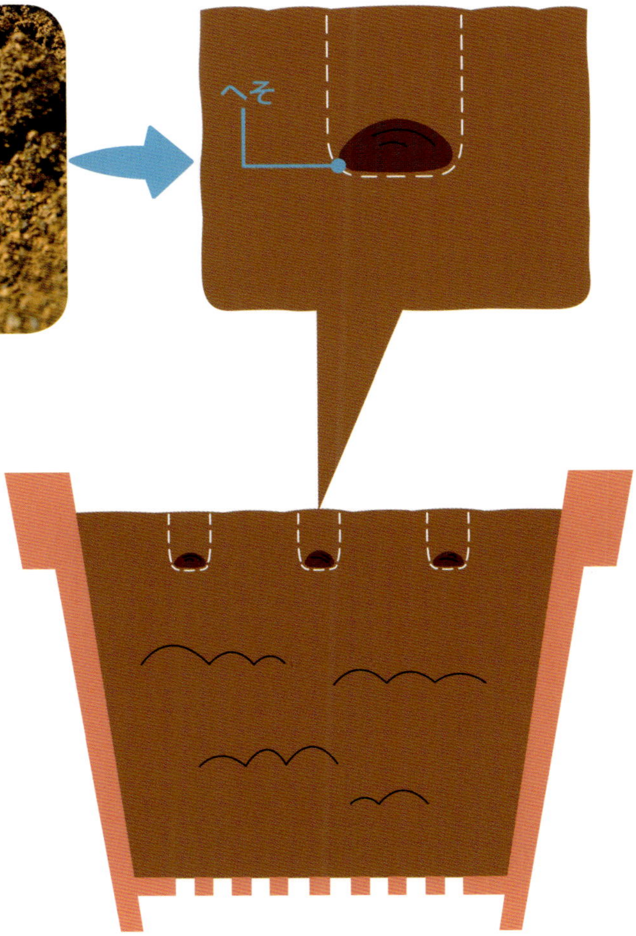

へそ

へそを下にすると、根が出やすくなるよ。

まいたら水をやろう

たねをまいたら、うえ木ばちのそこから水が少し出るくらいに、水をやりましょう。

全ての種子が発芽するとは限りません。1つの植木鉢に1粒の種子だけでは発芽しないことがあるので、3粒ほどまきます。

早くめが出ないかな

たねをまいた後、土の中ではどうなっているでしょうか。たねはさいしょに、自分のよう分で根を出します。そして、根が土にふくまれている水をすいながら下にのびて、めを出すためのささえになります。

その後、じくが上にむかってのびはじめ、ついに地上にめを出します。

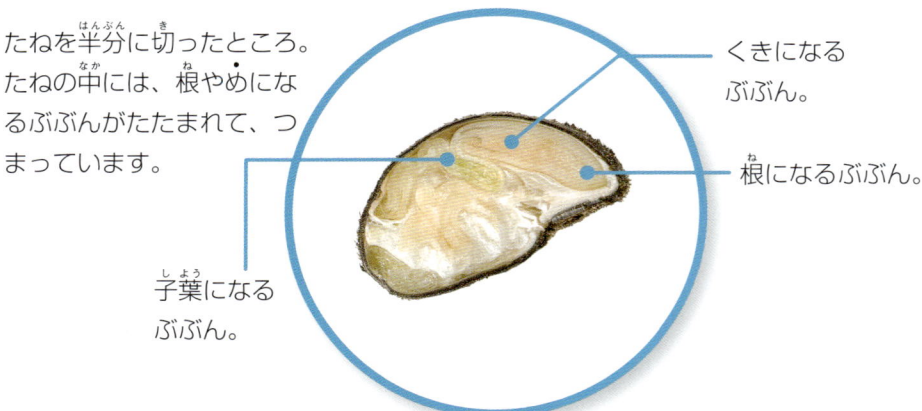

たねを半分に切ったところ。たねの中には、根やめになるぶぶんがたたまれて、つまっています。

- くきになるぶぶん。
- 根になるぶぶん。
- 子葉になるぶぶん。

毎日、わすれずに水やりをしよう。

土の中

へそのぶぶんから、根が出てきました。

根が下にのびていきます。

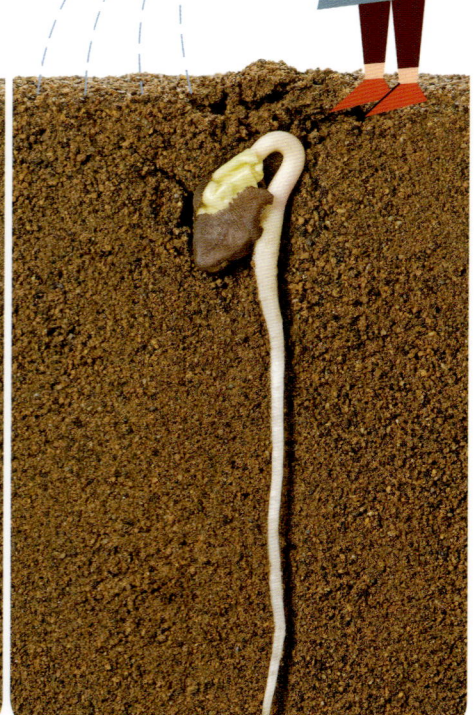

じくが、上にむかってのびはじめました。

土の上

土がもり上がりました。もうすぐめが地上に出てきます。

白いものが見えてきました。さいしょに出るのは、じくのぶぶんです。

土をおし上げて、めが出てきたよ！

めが出た！

じくがのびて土の上にめが出ました。たねまきから5〜10日ほどで出ます。

まがっていたじくが、立ち上がるようにして、だんだんとのびていきます。

じくがまっすぐにのびました。めの先は、ハートのような形です。

2しゅるいの葉

土から出ための先がひらいて、ハートのような形の葉が2まいむき合いました。しばらくすると、2まいの葉の間から、べつの形の葉が出てきます。この形がちがう2しゅるいの葉は、それぞれどんなとくちょうがあるのでしょうか。

さいしょに出てくる葉は、「子葉」といいます。子葉は2まいがむかい合ってひらきます。子葉には、たねのときからたくわえられていた、よう分が入っています。

子葉のよう分と、根が土からすい上げる水とよう分で、くきやほかの葉がそだちます。こうしてそだった葉では、日光と水、空気をつかって、新しくよう分が作られるようになります。

1つのはちに 1本のアサガオ

3つぶほどまいたたねから子葉が出たら、その中で子葉の形がよく、じくが太くてじょうぶそうなかぶを1つのこし、あとはぬきとりましょう。

よいかぶだけのこしてぬきとることを、「間引き」というよ。

子葉

葉

ハートのような形で、少しあつみがあります。ひょうめんは、つるつるしていて、毛がほとんど生えていません。くきやほかの葉がそだち、葉で十分なよう分が作られるようになると、やくめをおえた子葉はかれます。

3つに分かれた形で、子葉よりもあつみがなく、毛がたくさん生えています。葉は、これからそだつためのよう分を作ります。成長するために、たくさんのよう分がひつようになるので、葉をつぎつぎに出して、よう分をどんどん作ります。

葉の形を見てみよう

アサガオの葉は、3つに分かれた形がきほんですが、中には5つに分かれていたり、いびつな形のものがあります。成長して出てくる葉をかんさつしてみましょう。

葉の形は いろいろ

水やり、ひりょうやり

アサガオは、水をやりすぎても足りなくても、元気がなくなってしまいます。めが出てからは、土のひょうめんがかわいてから水をやるようにすると、ちょうどよい水やりができます。

じゅんちょうにそだち、葉が出てきたら、ひりょうをあたえましょう。

日光が強いときに葉に水をかけると、いたむことがあります。水やりは、なるべく葉にかからないように、はちの土にやさしくかけましょう。

水やり

つゆの前

めが出るまでは、土をかわかさないようにして、1日1回、朝のすずしいときに、わすれずにやりましょう。雨の後など、土がじめじめしているときは、水をやらないでください。めが出てからは、土をさわってしめっていなければ、水やりをしましょう。

ひりょうやり

葉が3、4まい出てきたら、1週間に1回、水でうすめたえきたいひりょうを、水やりのかわりにあたえましょう。葉にちょくせつかからないように、気をつけてあたえます。じょうろであたえたり、ひしゃくであたえたりしてもよいでしょう。

えきたいひりょう。えきたいひりょうのうすめ方は、ひりょうのようきに書いてあるせつめいを読みましょう。りょうは、水やりと同じぐらいあたえます。

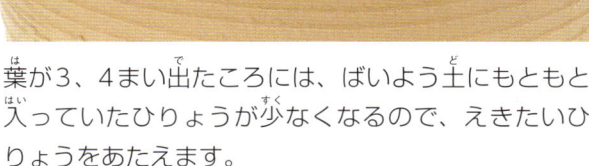

葉が3、4まい出たころには、ばいよう土にもともと入っていたひりょうが少なくなるので、えきたいひりょうをあたえます。

つゆが明けてから

つゆが明けると気温が上がり、日光も強くなるので、土がよくかわくようになります。朝に水をやっても夕方には土がかわいてしまうような日は、朝と夕方の1日2回、水をたっぷりやりましょう。

しちゅうを立てよう

たねまきから1か月ほどたち、葉が6〜8まい出るころになると、くきがつるになって、のびはじめます。
そして、まきつくものをさがすように、つるの先が回り出します。つるがまきつくための、しちゅうを立てましょう。

1本のしちゅう

1本のしちゅうを根元の近くに立てて、はちのそこまで、とどくくらいにさしましょう。つるが、しちゅうにからまってのぼっていくようすが、かんさつできます。しちゅうを固定するとめ具があると、うまく立てられます。

しちゅうのとめ具

あんどんじたて

何本かのしちゅうに、わを通したものです。せんようのしちゅうが売られています。つるがからまりにくいので、さいしょはつるの先を、手でしちゅうにからませましょう。葉や花がたくさんつくので、見た目がはなやかになります。

しちゅうを立てたばかりのとき。つるはまだしちゅうにふれていません。

つるの先がしちゅうにふれると、からまりはじめます。

みどりの
カーテン作りに
チャレンジ！

アサガオをまどべでそだててみましょう。たくさんの葉が、へやに入る日光をふせいでくれるので、夏でもすずしくすごせます。つるがよくのびるマルバアサガオやソライロアサガオ（→7ページ）だと、上のほうまでみどりのカーテンができます。アサガオでなくても、ゴーヤやヘチマなど、つるになってのびるしょくぶつなら、どれでもできます。

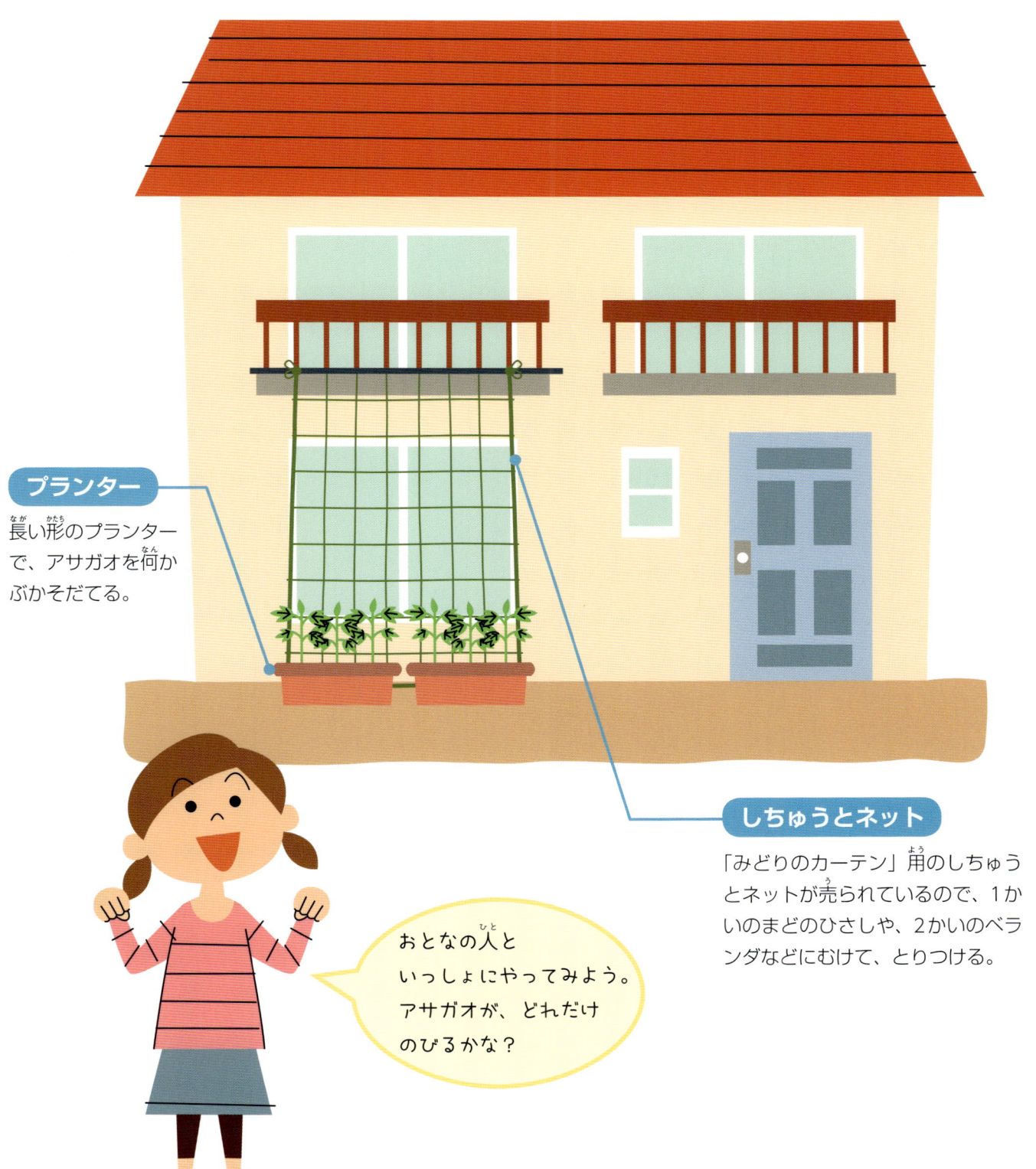

プランター
長い形のプランターで、アサガオを何かぶかそだてる。

しちゅうとネット
「みどりのカーテン」用のしちゅうとネットが売られているので、1かいのまどのひさしや、2かいのベランダなどにむけて、とりつける。

おとなの人と
いっしょにやってみよう。
アサガオが、どれだけ
のびるかな？

緑のカーテンはふつうのアサガオでもできますが、ツルがよく伸びるマルバアサガオやソライロアサガオ、ノアサガオがおすすめです。特にノアサガオはふつうのアサガオと育て方は違いますが、よく伸びるので2階の窓まで緑のカーテンができます。

どんどんのびるつる

　しちゅうを立てると、つるの先が回りながらまきついてのびていきます。朝おきたら、アサガオを見てみてください。きのうよりも、のびています。アサガオは、昼間に作ったよう分で、夜も成長しているのです。

1本のしちゅう

つるの先がのびていきます。しちゅうに、毎日のびた分だけしるしをつけると、どれだけのびたかがわかります。

あんどんじたて

あんどんじたてのアサガオは、しちゅうのぼうとわっかにそって、からまります。

つるの先がしちゅうなどにふれると、まきつきはじめます。アサガオはどのしゅるいも、とけいのはりとはぎゃく回りにまきついていきます。つるに生えているたくさんの毛がしっかりと引っかかり、まきつくときのすべり止めになっています。

つるの先15センチくらいが、円をえがくように少しずつ回りながら、まきつくものをさがします。

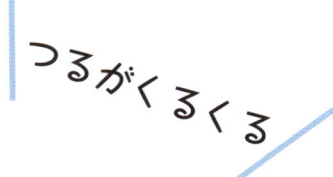

つるがくるくる

つるの先がしちゅうにふれると、くるりとまきつきます。

まきついたつるの先が、上にむかってのぼるようにのびます。

しちゅうにそって、しっかりとまきつきながらのぼります。

みどりのカーテンができたよ！

こんなにのびるんだね！

アサガオで作った、みどりのカーテンです。2かいまでとどくほどつるがのび、たくさんの葉でおおわれています。

つぼみがついたよ

たねまきから40日ほどたつと、葉のつけ根に、とても小さなつぼみができてきます。よく見ないと気がつかないほど、小さなつぼみです。先がつんつんととがっていて、たくさんの毛が生えています。

葉のつけ根についた小さなつぼみ。はじめは、とがった葉のようながくにつつまれていて、毛でおおわれています。

つぼみがついたら、水やりの回数をふやそう。

夜の明かりはだめ！

アサガオは、夜が長くなると花をつけるしょくぶつです。くらい夜の長さをかんじて、花のさくじきをきめているのです。ところが、夜に光をあびると、くらい時間がみじかくなるので、まださくじきではないとかんじて、つぼみをつけません。そのため、アサガオは、電とうの光などが当たらないばしょにおきましょう。

しばらくすると、がくがのびてきます。くきの下のほうからじゅんにつぼみがついて、ふくらんできます。

つぼみがついてから3週間ほどで大きくなり、がくの中から、色づいたつぼみが出ます。もうすぐ花がひらきます。

アサガオのつぼみは、ねじれていて、ソフトクリームみたいな形だね。

つぼみは、つるがまきつくむきとは、はんたいのむきにねじれます。

つぼみを半分に切ったところ。花びらが、なんじゅうにもたたまれています。

花がさいたよ

たねまきから2か月ほどたったころ、夏のあついさかりに、花がさきはじめます。まだくらいときから、ゆっくりひらきはじめ、明るくなったころには、ひらききっています。みなさんがおきたころには、もう花がさいているはずです。

夜中の2～3時ごろ、つぼみのねじれがゆるんできます。

つぼみのねじれがひらきはじめ、先がほころんできました。

つぼみがだいぶひらいて、ラッパのような形になってきました。

さいた！

朝の4時ごろ、花びらが大きくひらき、アサガオの花がさきました！

真夜中のくらいうちから、さきはじめるんだね！

さきはじめる時間は、天気や気温などによって少しずつちがうんだよ。

朝の4〜5時ごろには、つぼみがひらききります。つぎつぎと花がさき、夏の間、楽しめます。

1日でしぼむ花

　朝、花をさかせていたアサガオは、日ざしが強くなる午前のうちには、しぼんでしまいます。アサガオは、1日のうちに花がおわる「一日花」なのです。きれいにさいているアサガオは、朝しか見られません。でも、花がしぼんだ後も、かんさつをつづけましょう。

花の中には、1本のめしべと5本のおしべがあります。おしべから出る花ふんが、めしべにつくと、たねをつくるじゅんびをはじめます。

花の中のおしべとめしべ。

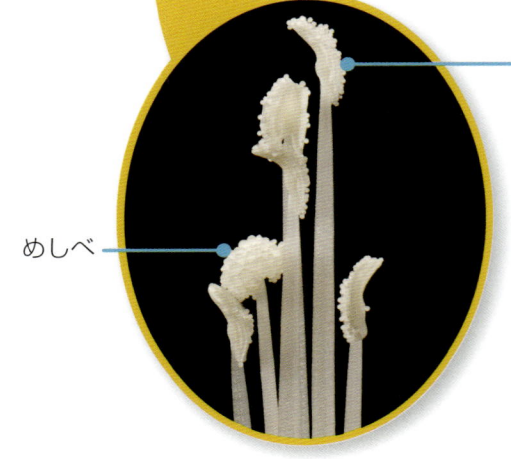

おしべ

めしべ

おしべの先のふくろがやぶれて、花ふんが出ます。おしべは、さいしょはめしべよりもせがひくく、のびるときにめしべにふれることで花ふんがつきます。

花びらは、内がわにまきこむようにしぼみます。いちどしぼむと、もうさきません。

アサガオの花に、みつや花ふんをあつめにやってきたツチバチのなかま。花ふんを体につけた虫が、花から花へとびまわり、めしべに花ふんをつけるやくめをすることもあります。

品種によっては、午後まで咲いているアサガオもあります。

しぼんだ花びらをりようして、あそべるよ（→31ページ）。がくはのこして、花びらだけを引っぱってつんでね。

花がさいていたところに、丸いものがふくらんできた。

花びらがおちても、毎日、かんさつしましょう。少しずつ、がくの下のほうがふくらんでくることに気づくはずです。でも、いったいなぜ、ふくらむのでしょうか？

しぼんだ花はしおれて、そのうち、がくからとれておちます。

花がしぼんでから1週間ほどたつと、がくの下のほうがふくらんできます。

花がしぼんでから2週間ほどたつと、がくの中に丸いものができました。

秋のアサガオ

夏の間、たくさん花をさかせていたアサガオは、秋になると葉も花もおち、かれてしまいます。でも、かわいて茶色になったくきはのこっています。

見ると、ところどころに、がくの内がわにできた、あの丸いものが大きくそだってくっついています。じつは、これはアサガオの実で、中にたねが入っているのです。

花のとき、めしべにおしべの花ふんがついたことで、たねができました。

中にたねが入っていた！

実のかわをむくと、中にたねが入っていました。

実の中は、3つのへやに分かれています。それぞれのへやに2つずつ、ぜんぶで6つのたねが入っています。来年、このたねをまけば、きっとまた、きれいな花がさきます。

上から見たところ。3つにしきられています。実によっては、たねの数が少ないものもあります。

たねがたくさんとれたよ！

また来年まこうね！

とれたたねは、ふうとうなどに入れ、かわいたばしょに来年までしまっておきましょう。

もっと知りたい！ アサガオ

　アサガオについて、何か気になることや、ぎもんにかんじたことはありませんか？ さいごに、よく聞かれるしつもんをあつめてみました。

Q アサガオのめが出て、子葉がひらいたよ！ 友だちのアサガオと見くらべたら、子葉のじくの色がちがっていた。何でだろう？

A アサガオは、子葉のじくの色で、花の色をよそうすることができます。友だちのアサガオの子葉とじくの色がちがうのは、さく花の色がちがうからだと思われます。

くきの色がむらさき

むらさきや青の花がさくことが多い。

くきの色が赤っぽい

赤やピンクの花がさくことが多い。

くきの色がうすいみどり

うすい色の花がさくことが多い。

Q 昼間にアサガオと同じ花を見つけたよ。アサガオは朝しかさかないはずなのに、どうして？

A その花が野原や道ばたに生えていたなら、それはアサガオによくにたヒルガオ（昼顔）です。アサガオと同じ「ヒルガオ科」のしょくぶつで、アサガオと同じように夏の間、朝からさきますが、昼までしぼみません。さらに、同じなかまで、夕方に花がさくヨルガオ（夜顔）というしょくぶつもあります。また、「曜白」というひんしゅのアサガオは、夕方までさいています（→7ページ）。

ヒルガオ

ヨルガオ

Q アサガオはたくさん花がさいて、その日のうちにしぼんでしまうね。これを何かにつかえないかな？

A アサガオは毎日たくさんさくので、しぼむ花もたくさんあります。しぼんだ花びらをつんで、色水あそびをしてみましょう。

色水の作り方

しぼんだ花びらをたくさんあつめ、ビニールぶくろの中に少しの水といっしょに入れて、よくもみます。すると、花びらから色が出て、色水ができます。

ビニールぶくろの中に花と水を入れて、よくもみます。

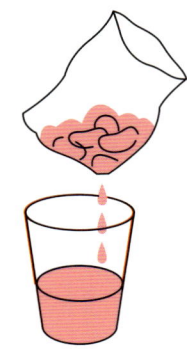

ようきに色水をうつします。ビニールぶくろの角を少し切ると、花は出ずに色水だけが出ます。

そめつけあそび

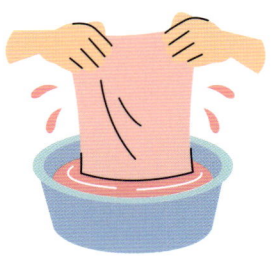 

作った色水にハンカチなどの白いぬのを入れてそめたり、紙に絵をかいたりしてあそぶことができます。

色水あそび

色水に、石けん水を入れると青色になり、すを入れると赤くなります。ほかにも、レモンやリンゴのしる、たんさん水、たまごの白身、じゅうそうなどを入れても色がかわります。

Q 毎日、たくさんの花がさくけど、1かぶのアサガオで、いくつくらいの花がさくの？

A 夏の間中、元気よくそだつアサガオは、1かぶで50～80こほどの花がつぎつぎとさきます。さらに、1かぶでできるたねは、多くて300～400こほどにもなります。

花がさいた後、たくさんの実がなったアサガオ。実の中には、たねがつまっています。

監　　修	★ 松井　孝
デザイン	★ 亀井優子／ニシ工芸株式会社
イラスト	★ タニグチコウイチ／高橋悦子／ネイチャー・イラストレーション
編　　集	★ ネイチャー・プロ編集室（室橋織江／三谷英生）
写　　真	★ 久保秀一
写真協力	★ 小須田 進／ネイチャー・プロダクション／youko（PIXTA）

監修　松井 孝

1940年愛知県生まれ。玉川大学農学部卒業。元玉川大学教授。大学では園芸関係の授業を担当。『栽培と観察がおもしろくなる』シリーズ（監修・共著／ポプラ社）、『フィールドワークで総合学習 自然・環境体験』シリーズ（監修・共著／金の星社）、『生活と園芸』（編・共著／玉川大学出版部）、『こだわりの家庭菜園』（共著／NHK出版）、『1週間から3カ月で収穫できる野菜作り』（監修／成美堂出版）、『ミニ＆ベビー野菜のコンテナ菜園』（講談社）、『ベランダでサラダ野菜』（主婦の友社）ほか著書多数。

そだててみよう！ はじめての栽培
アサガオ

初版発行／2013年3月　第3刷発行／2019年3月

監　　修／松井 孝

発行所／株式会社金の星社
　　　　〒111-0056　東京都台東区小島1-4-3
　　　　電話　03（3861）1861（代表）　FAX 03（3861）1507
　　　　ホームページ　http://www.kinnohoshi.co.jp
　　　　振替　00100-0-64678

印　　刷／株式会社廣済堂
製　　本／東京美術紙工

NDC 620　32P　29.3cm　ISBN 978-4-323-04242-8

©Nature Editors, 2013
Published by KIN-NO-HOSHI SHA, Tokyo, Japan

乱丁・落丁本は、ご面倒ですが小社販売部宛にご送付ください。
送料小社負担にてお取り替えいたします。

JCOPY（社）出版者著作権管理機構 委託出版物
本書の無断複写は著作権法上での例外を除き禁じられています。
複写される場合は、そのつど事前に（社）出版者著作権管理機構
（電話 03-3513-6969、FAX 03-3513-6979、e-mail: info@jcopy.or.jp）の
許諾を得てください。

※本書を代行業者等の第三者に依頼してスキャンやデジタル化することは、
　たとえ個人や家庭内での利用でも著作権法違反です。

そだててみよう！
はじめての栽培（さいばい）

全5巻　シリーズNDC620（園芸）　各巻32ページ　図書館用堅牢製本

学校や家庭で育てることの多い身近な植物について、栽培手順や成長のようすを楽しく紹介するシリーズ。はじめての栽培でも楽しく世話ができるように、たくさんの写真やイラストでわかりやすく解説します。また、植物の特徴や品種紹介、さらに知識を深める質問コーナーも加えて、それぞれの植物について幅広く知ることができます。

ミニトマト
ミニトマトって、どんなやさい？／どのミニトマトをそだてる？／さあ、そだてよう／よいなえをえらぼう／なえをうえよう／しちゅうを立てよう／水やりをしよう／ひりょうをやろう／わきめが出たら／花と実はどこにつくかな？／くきの成長を止めよう／実が赤くなってきたよ／さあ、しゅうかくだ／おいしく食べよう／もっと知りたい！ミニトマト

アサガオ
アサガオって、どんな草花？／どのアサガオをそだてる？／さあ、そだてよう／たねをまこう／早くめが出ないかな／2しゅるいの葉／水やり、ひりょうやり／しちゅうを立てよう／どんどんのびるつる／つぼみがついたよ／花がさいたよ／1日でしぼむ花／秋のアサガオ／もっと知りたい！アサガオ

ヒマワリ
ヒマワリって、どんな草花？／たいようみたいなヒマワリ／さあ、そだてよう／たねをまこう／土の中からめが出たよ／葉がひらいたよ／どんどん出てくる葉／水やり、ひりょうやり／大きな葉と太いくき／たいようのほうをむく／つぼみがついたよ／大きな花がさいたよ／外がわの花と内がわの花／たねのしゅうかく／もっと知りたい！ヒマワリ

チューリップ
チューリップって、どんな草花？／色とりどりのチューリップ／さあ、そだてよう／きゅうこんをうえよう／冬のさむさが大事／めが出たよ／葉がのびてきた／色づくつぼみ／花がさいたよ／とじひらきする花／花がさきおわったら／きゅうこんをほろう／水さいばいにちょうせん／もっと知りたい！チューリップ

サツマイモ
サツマイモって、どんなやさい？／いろいろなあじのサツマイモ／さあ、そだてよう／土をたがやし、うねを作ろう／よいなえをえらぼう／なえをうえよう／水やりをしよう／草とりをしよう／ひりょうをやろう／つるがしげってきたら／サツマイモの花は、どんな花？／土の中はどうなっている？／さあ、しゅうかくだ／おいしく食べよう／水だけでそだつ!?／もっと知りたい！サツマイモ